DAS GROSSE BUCH
MIT DEN BESTEN GESCHICHTEN

© 2017 Disney Enterprises Inc.
Alle Rechte vorbehalten.
Die deutsche Ausgabe erscheint bei:
Carlsen Verlag,
Völckersstraße 14–20, 22765 Hamburg
Lektorat: Tina Blase
Grafik: awendrich grafix, Hamburg
Herstellung: Steffen Bollermann

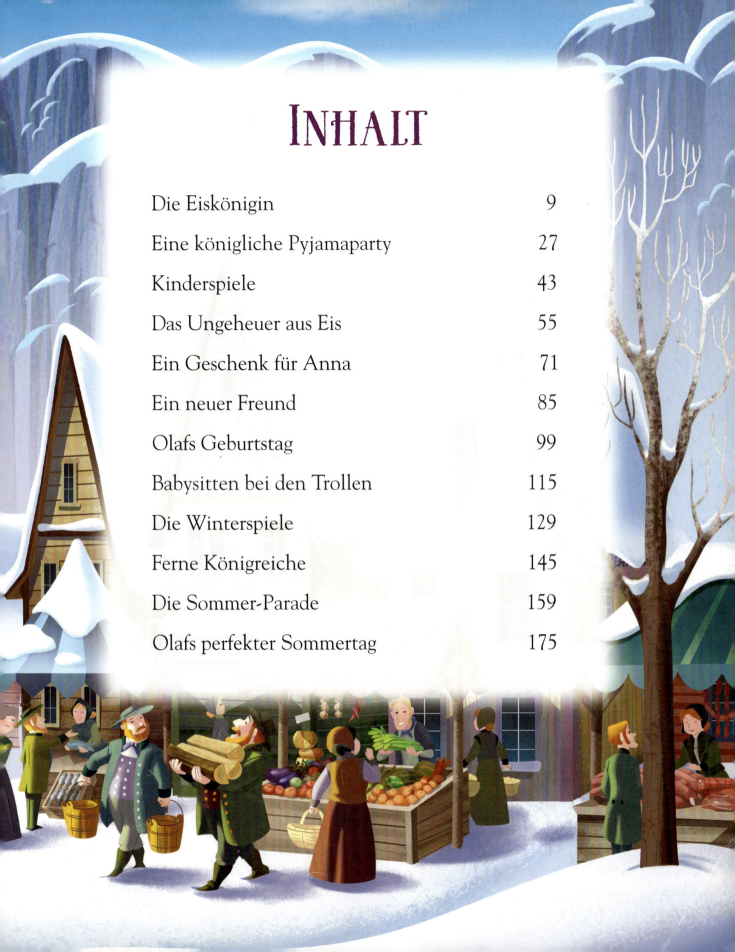

INHALT

Die Eiskönigin	9
Eine königliche Pyjamaparty	27
Kinderspiele	43
Das Ungeheuer aus Eis	55
Ein Geschenk für Anna	71
Ein neuer Freund	85
Olafs Geburtstag	99
Babysitten bei den Trollen	115
Die Winterspiele	129
Ferne Königreiche	145
Die Sommer-Parade	159
Olafs perfekter Sommertag	175

DIE EISKÖNIGIN

Das Königreich Arendelle war ein fröhlicher Ort. Der König und die Königin hatten zwei kleine Töchter: Anna und Elsa. Die Mädchen waren ihr ganzer Stolz und ihre große Freude. Aber die Familie hütete ein Geheimnis: Elsa konnte mit ihren Händen Schnee und Eis erschaffen.

Eines Nachts spielten die Schwestern ausgelassen im Ballsaal, als Elsa die Kontrolle über ihre Magie verlor. Sie traf Anna aus Versehen mit einem eisigen Blitz am Kopf.

Das Königspaar eilte mit den Mädchen zu den Trollen. Diese Wesen waren Heiler und wussten viel über Magie. Ein weiser alter Troll rettete Anna, indem er die Erinnerungen an Elsas Zauberkräfte aus ihrem Gedächtnis löschte.

„Anna hat Glück gehabt, dass Elsa sie nicht ins Herz getroffen hat", sagte der Troll zu ihren Eltern. „Aber Elsas Fähigkeiten werden noch viel stärker werden."

Der König und die Königin wollten ihre Tochter beschützen und ihre magischen Fähigkeiten geheim halten. Deshalb schlossen sie die Tore des Königreichs. Elsas Vater gab ihr Handschuhe, um ihre Magie im Zaum zu halten. Aber das Mädchen hatte trotzdem Angst, jemanden zu verletzen. Sogar Anna ging sie deswegen aus dem Weg.

Eines Tages, nachdem Anna und Elsa zu jungen Frauen herangewachsen waren, gingen ihre Eltern auf See verschollen. Die Schwestern fühlten sich nun sehr einsam.

Elsa blieb immer drinnen, wo sie ihre Zauberkräfte verbergen konnte. Doch am Tag von Elsas Krönungsfeier strömten viele Gäste in das Schloss.

Anna war glücklich. Endlich konnte sie neue Leute kennenlernen! Die Feier hatte kaum begonnen, als sie auf Prinz Hans von den Südlichen Inseln traf. Die beiden verliebten sich auf der Stelle.

Auf dem Krönungsball fragte Prinz Hans, ob Anna ihn heiraten wolle. Anna sagte Ja und die beiden baten Elsa um ihr Einverständnis.

Elsa wollte aber nicht zustimmen. Sie konnte Anna doch keinen Mann heiraten lassen, den sie gerade erst kennengelernt hatte!

Anna war wütend. „Wovor hast du nur solche Angst?", rief sie.

Als die beiden stritten, verlor Elsa die Kontrolle über ihre Zauberkräfte und Eisblitze schossen aus ihren Händen. Jetzt kannte ganz Arendelle ihr Geheimnis! Entsetzt floh Elsa in die Berge.

Nachdem ihr Geheimnis einmal gelüftet war, ließ Elsa ihren magischen Kräften freien Lauf. Ein Sturm tobte um sie, während sie einen Eispalast schuf und sogar ihr Aussehen änderte.

Unten im Tal lag Arendelle nun im ewigen Winter gefangen. Anna fühlte sich schrecklich. Schließlich ging sie auf die Suche nach ihrer Schwester, verlor aber bald ihr Pferd im Wald. Zum Glück traf sie auf den jungen Eisfarmer Kristoff und sein Rentier Sven.

„Bitte helft mir", bat sie die beiden.

Oben in den Bergen öffnete sich eine wunderschöne Winterlandschaft vor Anna und Kristoff. Und mitten darin stand ein lebendiger Schneemann!

„Hallo, ich heiße Olaf", sagte er.

„Dich muss Elsa erschaffen haben", sagte Anna. „Führst du uns zu ihr, damit wir den Sommer zurückbringen können?"

Da Olaf gern einmal einen Sommertag erleben wollte, stimmte er zu.

Anna erzählte ihrer Schwester von dem eisigen Winter in Arendelle.

„Bitte tau das Königreich wieder auf", bat sie Elsa.

Aber Elsa wusste nicht, wie. „Ich kann es nicht!", rief sie und wieder schoss aus Versehen ein Eisblitz aus ihrer Hand. Diesmal traf er Anna ins Herz.

Kristoff zog Anna mit sich. „Lass uns gehen", sagte er.

Am Fuß des Bergs bemerkte Kristoff, dass Annas Haar sich weiß verfärbte. Er beschloss sie zu seinen Freunden, den Trollen, zu bringen.

Die Trolle sahen sofort, dass Anna verletzt war. „Es steckt Eis in deinem Herzen", erklärten sie. „Du wirst für immer einfrieren, wenn es nicht entfernt wird. Aber nur ein Akt wahrer Liebe kann es schmelzen."

Anna dachte an Hans. Vielleicht würde ein Kuss von ihm sie retten. Also machte sie sich gemeinsam mit Kristoff, Sven und Olaf auf den Weg zurück nach Arendelle.

Doch Hans war nicht in Arendelle. Nachdem Annas Pferd ohne sie nach Hause gekommen war, war er sie suchen gegangen.

Hans und seine Männer fanden Elsas Eispalast und griffen sie an. Elsa wehrte sich, aber dann brach ein Stück Eis von der Decke und traf sie am Kopf. Sie wurde ohnmächtig und Hans und seine Leute nahmen sie gefangen. Sie brachten Elsa nach Arendelle zurück und sperrten sie in den Kerker.

Anna, Kristoff, Olaf und Sven verließen die Berge, so schnell sie konnten. Anna ging es immer schlechter und Kristoff machte sich große Sorgen.

Am Schlosstor übergab er sie den königlichen Dienstboten. Kristoff hatte sich zwar in Anna verliebt, aber er dachte, dass nur ihre wahre Liebe Hans sie heilen könnte.

Anna fand Hans in der Bibliothek. Sie bat ihn um einen Kuss, der ihr Leben retten sollte. Doch Hans küsste sie nicht. Er hatte sich gar nicht in Anna verliebt, er wollte nur König von Arendelle werden!

Dann löschte Hans das Feuer im Raum und ließ die frierende Anna allein.

Im Kerker sehnte Elsa sich verzweifelt danach, Arendelle wieder zu verlassen. Nur so wären die Menschen hier vor ihr sicher!

Da schaffte Elsa es, den ganzen Kerker einzufrieren, sodass ihre Ketten zersprangen.

Anna lag traurig in der Bibliothek. Nur weil sie sich in den falschen Mann verliebt hatte, waren Elsa und sie jetzt verloren.

Gerade als sie alle Hoffnung aufgegeben hatte, erschien Olaf. Er zündete ein Feuer an, obwohl Anna fürchtete, dass er tauen könnte.

„Für dich schmelze ich gerne", sagte er.

Durch das Fenster sah Olaf Kristoff zum Schloss zurückkehren. In dem Moment begriff der kleine Schneemann, dass Kristoff Annas wahre Liebe war!

Olaf half Anna aus dem Schloss zu gelangen. Kristoff war noch auf der anderen Seite des gefrorenen Fjords. Sie mussten schnell zu ihm, damit er Anna retten konnte.

Doch plötzlich sahen sie Hans. Er hatte sein Schwert gegen Elsa erhoben!

Anna warf sich vor ihre Schwester und stoppte Hans' Schwert, doch im nächsten Moment gefror sie zu Eis.

„Oh, Anna!", schluchzte Elsa und umarmte ihre Schwester.

Da geschah ein Wunder: Anna taute wieder auf!

Olaf verstand, was passiert war: „Elsa zu retten, war ein Akt wahrer Liebe. Er hat das Eis geschmolzen", sagte er.

„Liebe, das ist es!", rief Elsa und schaute Anna an. Mit der Kraft der Liebe zu ihrer Schwester konnte Elsa den Sommer nach Arendelle zurückbringen.

Hans staunte, dass Anna noch am Leben war. „Elsa hat doch dein Herz eingefroren!", sagte er.

„Nicht ich habe ein Herz aus Eis, sondern du!", antwortete Anna und jagte ihn fort.

Mit dem Sommer kehrte auch das normale Leben nach Arendelle zurück. Die Schlosstore standen jetzt weit offen. Zum ersten Mal seit Langem war Arendelle wieder ein fröhlicher Ort. Am glücklichsten von allen aber waren Königin Elsa und Anna selbst. Nichts würde die Schwestern je wieder auseinanderbringen!

Eine königliche Pyjamaparty

„Wach auf, Elsa!", flüsterte Anna. Sanft stupste sie ihre große Schwester an.

Elsa drehte sich auf die Seite. „Geh wieder ins Bett", sagte sie müde.

„Ich kann aber nicht schlafen!" Anna setzte sich auf Elsas Bett. „Hast du Lust auf eine Pyjamaparty?"

Jetzt öffnete Elsa die Augen. Das klang lustig!

Anna holte Kissen und Decken aus ihrem Zimmer, während Elsa in die Küche lief. Sie wollte Honigbrote schmieren. Auf einer richtigen Pyjamaparty musste es schließlich auch etwas zu essen geben!

Als Elsa in ihr Zimmer zurückkam, durchwühlte Anna gerade den Schrank.

„Wusste ich es doch, hier ist es!", rief sie und hielt ein altes Buch hoch. Das hatten die Eltern den Schwestern immer vorgelesen, als sie noch Kinder gewesen waren. „Gut, wir haben Bücher, Spiele – und diese Gesichtscreme, die ich geschenkt bekommen habe", sagte Anna. Sie öffnete die Cremedose. „Sieht irgendwie schleimig aus."

„Die heben wir für später auf", lachte Elsa.

Elsa schaute sich um. Ihre letzte Pyjamaparty war ewig her. „Womit fangen wir an?", fragte sie.

„Wir können doch ein Schloss bauen. Wie früher, als wir klein waren", sagte Anna.

Sie schnappte sich Decken und Kissen und machte Höhlen daraus. Währenddessen zauberte Elsa Tunnel und Türmchen aus Eis.

„Das macht Spaß!", rief Elsa und formte noch eine Brücke. „Vielleicht sollten wir auch …"

Puff! Da traf Elsa etwas Weiches im Rücken. Als sie sich umdrehte, sah sie ein Kissen zu Boden fallen. Anna kicherte.

„Warte nur!", rief Elsa und warf einen Schneeball auf ihre Schwester. Anna sprang lachend zur Seite.

Nach kurzer Zeit war das Zimmer von Schneeflocken und Federn übersät. Anna rutschte gerade eine Eisbahn hinunter, als es an der Tür klopfte.

„Ist denn schon Morgen?", fragte jemand.

„Olaf!", rief Anna. Die Schwestern baten den Schneemann herein und erklärten ihm, dass sie eine Pyjamaparty feierten. „Du bist herzlich eingeladen", sagten sie.

„Oh, ich wollte schon immer auf eine Pyjamaparty gehen!", rief der Schneemann. Dann überlegte er kurz. „Was ist eine Pyjamaparty?"

„Wir zeigen es dir", sagte Anna. „Komm, wir wollten gerade ein Spiel anfangen."
　Olaf konnte richtig gut Mikado spielen!

Und Anna war gut im Raten. Sie wusste immer gleich, was eine Zeichnung oder eine Eisfigur darstellen sollte.

Das Gebärdenspiel war schwieriger. Olaf machte komische Verrenkungen und Grimassen und grinste breit. Die Schwestern waren ratlos. Was wollte der Schneemann ihnen damit sagen?

Da hatte Elsa eine Idee. „Soll das der Sommer sein?", fragte sie Olaf.

„Ja!", rief er. „Sehr gut!"

Elsa lachte. „Wie wäre es jetzt mit einer Gruselgeschichte?", schlug sie vor.

Anna fing an. Dabei sprach sie mit ihrer unheimlichsten Flüsterstimme: „Der Sage nach kommt in Nächten wie dieser das Haarmonster aus seinem Versteck gekrochen, um sich sein nächstes Opfer zu suchen."

„Woher weiß man, dass das Haarmonster in der Nähe ist?", fragte Olaf.

„Es heult ganz schrecklich", sagte Anna.

„Uuuuuuhhhhh", tönte es durch das Zimmer.

Olaf schüttelte sich. „Wirklich sehr gruselig", sagte er zu Anna.

„Aber das war ich nicht!", antwortete sie erstaunt.

„Uuuuuuhhhhh!", machte es wieder. Das Geheul schien von draußen zu kommen.

Die Freunde rannten zum Fenster. Ein Schatten näherte sich dem Schloss!

„Wartet hier!", sagte Elsa und lief zur Tür. Anna und Olaf folgten ihr natürlich. Sie konnten Elsa doch nicht mit dem Haarmonster allein lassen!

Elsa öffnete das Schlosstor und die Freunde versuchten in der Dunkelheit etwas zu erkennen. Olaf nahm vorsichtshalber Annas Hand.

Aber dort trabte gar kein Monster auf sie zu, sondern ein Rentier!

„Sven!", rief Elsa erleichtert. „Was ist denn los?"

Anna wusste gleich Bescheid. „Du konntest nicht schlafen, oder?" Sie streichelte Svens Nase. „Bestimmt hat Kristoff wieder so laut geschnarcht."

Das Rentier nickte.

„Komm doch mit auf unsere Pyjamaparty", sagte Olaf. „Geschlafen wird da allerdings auch nicht."

Kurz darauf saßen die Freunde in Elsas Zimmer zusammen.

„Soll jetzt ich eine Geschichte erzählen?", fragte Elsa. Sie öffnete das alte Buch, aus dem die Eltern ihr und Anna immer vorgelesen hatten.

„Au ja!", rief Anna. Schnell holte sie Kissen und Decken und machte es sich mit Olaf und Sven gemütlich.

Elsa fing an zu lesen. „Es war einmal vor langer Zeit …"

Nach einer Weile kam Elsa zu ihrer Lieblingsstelle: „Und dann besiegte die mutige Königin den Drachen ..."

Sie unterbrach sich und schaute zu den anderen, als sie ein leises Schnarchen hörte. Sie waren alle eingeschlafen!

Elsa lächelte und legte das Buch zur Seite. Dann breitete sie Decken über Anna, Olaf und Sven und kroch selbst ins Bett. Nach einem letzten Blick auf ihre Freunde schlief sie ebenfalls ein.

KINDERSPIELE

Es war ein schöner Tag in Arendelle. König Agnarr und Königin Iduna standen im Schlosshof und begrüßten ihre Gäste: Baron und Baronin von Snoob, die sie als Handelspartner gewinnen wollten.

„Hoffentlich gefällt den beiden der Besuch bei uns", flüsterte König Agnarr seiner Frau zu.

Drinnen staunten Elsa und Anna über ihr Frühstück.

„Wir bekommen Schokolade, nur weil heute wichtige Besucher da sind?", fragte Anna.

„Wir müssen die Schokolade ja nicht essen", sagte Elsa.

„Doch!" Schnell biss Anna in einen Schokokeks. „Können wir jetzt ein bisschen zaubern?", fragte sie Elsa dann.

„Aber wir sollen doch in unseren Zimmern bleiben und nicht stören", sagte Elsa.

„Biiiiitte!", bettelte Anna. „Wir verstecken uns, dann sehen sie uns nicht."

„Na gut", sagte Elsa. „Gehen wir spielen. Aber wir müssen leise sein."

Die Schwestern sahen vorsichtig nach, ob die Luft rein war. Dann schlichen sie in die Küche. Elsa füllte sofort den ganzen Raum mit Bergen von Schnee und Eis.

„Juhu, Schneeballschlacht!", jubelte Anna.

Dong! Ein Schneeball prallte mit voller Wucht gegen eine Pfanne. Die Schwestern kicherten. Sie hatten so viel Spaß, dass sie fast nicht bemerkten, wie sich ihre Eltern mit den Gästen näherten. In letzter Minute entwischten sie durch das Treppenhaus.

Als das Königspaar in die schneebedeckte Küche kam, war es ziemlich überrascht.

Doch die Gäste freuten sich. „Genau das Richtige an so einem heißen Sommertag!", rief der Baron und probierte von einem Schneeball. „Meine Liebe, du solltest unbedingt auch etwas Eis essen!"

Aber die Baronin verzog nur das Gesicht.

„Ja, richtig", grinste der König. „Eis ist in Arendelle das wichtigste Handelsgut."

„Wir holen große Mengen Eis aus den Seen oben in den Bergen", fügte die Königin hinzu.

Während ihre Eltern in der Küche mit den Gästen sprachen, spielten Anna und Elsa im Ballsaal.

Doch plötzlich hörten sie wieder die Erwachsenen vor der Tür.

„Huch! Wir sollten lieber verschwinden!", rief Elsa.

Anna kicherte: „Fast hätten sie uns erwischt!"

Die Schwestern liefen schnell nach oben in Elsas Zimmer zurück.

Unten betraten der König und die Königin den Ballsaal. Sie erschraken, als sie die Winterlandschaft sahen. Die Gäste folgten ihnen und schwupps – rutschte die Baronin aus und landete im Schnee.

„Ach du liebe Zeit!", rief Königin Iduna. Schnell eilten sie und ihr Mann der Baronin zu Hilfe.

Doch die fing an zu lachen. „Ich liebe Schnee-Engel!", rief sie begeistert. „Was für eine entzückende Überraschung!"

„Das Königreich Arendelle tut wirklich alles, um seine Besucher glücklich zu machen!", schmunzelte der Baron.

Abends schaute das Königspaar liebevoll nach seinen schlafenden Töchtern. Doch kaum hatten sie den Raum verlassen, öffneten Anna und Elsa die Augen wieder.

„Spielen wir weiter?", fragte Anna.

„Nein, wir kriegen morgen schon genug Ärger", sagte Elsa.

„Aber das war es absolut wert!", riefen beide gleichzeitig und lachten.

Das Ungeheuer aus Eis

In Arendelle war heute ein besonders schöner Frühlingstag. Königin Elsa hatte sich freigenommen, um etwas mit ihrer Schwester zu unternehmen.

„Achtung, aufpassen!", rief Anna und düste mit ihrem Fahrrad durch die Schlosstore. Die Leute sprangen eilig aus dem Weg.

„Das ist unfair!", rief Elsa und sauste hinterher. „Du bist losgefahren, bevor Olaf bis drei gezählt hat!"

„Wer als Erste am Hafen ist, hat gewonnen", schrie Anna nur.

Olaf folgte den Schwestern, so schnell er konnte. „Wartet!", rief er. „Oh, ein Schmetterling!"

Anna hatte den Hafen fast erreicht, als ein dicker Schneehaufen vor ihr erschien. Sie musste bremsen und ausweichen. Da fuhr Elsa lachend an ihr vorbei.

„Elsa, du hast geschummelt! Du hast deine Magie benutzt!", rief Anna.

„Du bist doch nur neidisch, weil ich gewinne", rief Elsa über die Schulter zurück. In dem Moment kam sie an Kristoff und Sven vorbei. Die beiden sahen besorgt aus. Schnell hielt Elsa an.

Anna raste an dem Grüppchen vorbei. „Ha, ich hab gewonnen!", jubelte sie.

Dann sah sie die ernsten Gesichter ihrer Freunde und sprang vom Rad. „Kristoff, geht es dir gut?"

„Wir haben euch gesucht", sagte Kristoff. „Sven und ich haben oben in den Bergen Eis gesammelt, als wir etwas Großes gesehen haben. Wir wollten es uns genauer anschauen, aber der Schnee blies uns zu stark ins Gesicht. Elsa, kannst du Schnee und Wind kontrollieren, sodass wir weitersuchen können?"

„Hast du eine Ahnung, was es war?", fragte Elsa.

„Es sah aus wie ein Ungeheuer, aber wir konnten nicht viel erkennen. Ich kenne diese Berge in- und auswendig. Aber sie können mich immer noch überraschen", sagte Kristoff.

„Ein unbekanntes Wesen? Klingt nach Abenteuer!", rief Anna. „Darf ich ihm einen Namen geben?"

„Zuerst müssen wir es finden", sagte Kristoff.

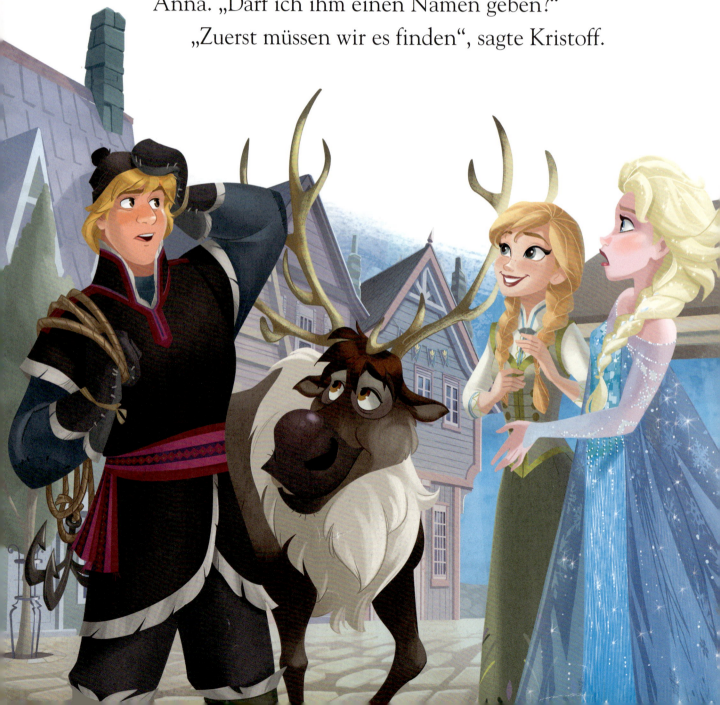

Die Schwestern eilten zum Schloss, um ein paar Sachen zu holen. Auf dem Rückweg zu Kristoff und Sven trafen sie Olaf.

„Wo seid ihr gewesen?", fragte der Schneemann. „Ich war doch direkt hinter euch und dann war da dieser Schmetterling und dann …" Olaf bemerkte Annas Umhang. „Hab ich was verpasst?"

„Wir gehen auf Monsterjagd", erklärte Anna.

„Oh! Kann ich mitkommen?"

Mit Olaf im Schlepptau gingen die Freunde auf die Suche nach dem Ungeheuer. Je höher sie stiegen, desto kälter wurde es. Bald fing es stark an zu schneien.

Olaf zeigte auf die Schneeflocken über Elsa und sagte: „Jetzt hast du auch eine Schneewolke!" Fröhlich griff er Elsas Hände und tanzte mit ihr durch das Schneetreiben. Elsa lachte und wirbelte den Schneemann durch die Luft.

„Äh, Elsa? Kannst du uns mal helfen?", fragte Anna.
Sie, Kristoff und Sven waren komplett eingeschneit!

Schnell öffnete Elsa eine schnee- und sturmfreie Schneise für ihre Freunde.

„Das ist besser", seufzte Anna und schüttelte den Schnee ab. „Wenn wir das Monster nur ebenso einfach finden könnten."

Nach einer Weile sagte Elsa: „Wir sind jetzt schon ziemlich lange unterwegs. Sind wir bald da, wo ihr das Wesen gesehen habt, Kristoff?"

Kristoff und Sven schauten sich an. „Wir wissen es nicht", gab Kristoff zu.

„Ihr wisst es nicht?", riefen die Schwestern im Chor.

„Es gab eine Menge Schnee und Sven ist einmal falsch abgebogen", sagte Kristoff.

Das Rentier grunzte und nickte.

„Aber wie sollen wir das Monster finden?", fragte Anna.

Plötzlich ertönte ein lautes Gebrüll. Die Freunde erstarrten.

„Meine Güte, Sven, klingst du hungrig!", sagte Olaf.

„Das war bestimmt nicht Svens Magen, sondern das Ungeheuer!", rief Anna. „Schnell, lasst uns dem Geräusch folgen!"

Die Gruppe ging los. Nach kurzer Zeit hörten sie das Gebrüll erneut – doch aus einer anderen Richtung!

„Gibt es zwei Monster?", überlegte Anna.

Elsa lauschte. „Ich glaube, das ist ein Echo. In den Bergen gibt es das oft", sagte sie.

„Und welche Richtung ist jetzt richtig?", fragte Kristoff.

Elsa hatte eine Idee. Sie stampfte mit dem Fuß auf und eine Treppe aus Eis begann in den Himmel zu wachsen. Bald überragte sie auch die Bäume. Von da oben konnten sie den ganzen Wald überblicken!

„Das schaue ich mir immer wieder gern an", sagte Kristoff bewundernd.

Anna, Elsa und Kristoff stiegen die Treppe hinauf.

„Ich bleibe bei dir, Sven", sagte Olaf. „Ich glaube, ich bin nicht schwindelfrei."

Gerade als Kristoff und die Schwestern das obere Ende der Treppe erreichten, ertönte wieder das Brüllen.

„Da vorne haben sich die Bäume bewegt!", rief Anna. „Dort muss das Monster sein."

„Meinst du das Stück Wald direkt vor uns?", fragte Kristoff.

„Ja, genau!"

In dem Moment bewegten sich die Bäume erneut und die Treppe wackelte.

Unten versteckte Sven sich schnell hinter einem Baum, aber Olaf hatte nichts mitbekommen.

„Hallo!", grüßte er einen vorbeifliegenden Vogel.

„Pass auf, Olaf!", rief Anna. Doch da brach das geheimnisvolle Monster schon durch die Bäume und blieb genau vor dem Schneemann stehen.

Olaf schaute auf. „Das ist ja Marshmallow!", rief er.

„Das ist das Eismonster, das uns angreifen wollte!", rief Kristoff. „Wir sollten weglaufen!"

Olaf umarmte Marshmallow. „Er will nichts Böses, er ist mein Freund!", sagte er und schaute dem Eismonster ins Gesicht. „Wie geht es meinem kleinen Kumpel?"

„Er hat recht, Kristoff", sagte Anna, während sie die Treppe hinunterliefen. „Marshmallow sieht nicht mehr bedrohlich aus."

Marshmallow brummte traurig. Er beugte sich zu Olaf hinunter und drückte ihn ebenfalls.

„Oha, das ist mal eine feste Umarmung", sagte Olaf. „Ich glaub, du zerquetschst mich gleich."

Anna sah Kristoff und Sven an. Dann schaute sie zu Elsa, deren Hand sie hielt. „Ich glaube, Marshmallow ist einsam", sagte sie.

Das Eismonster nickte.

„Es tut mir leid, Marshmallow", sagte Elsa. „Ich dachte, in den Bergen würde es dir gefallen. Das war anscheinend falsch. Ich wünschte, wir könnten etwas für dich tun."

Sven und Kristoff tauschten einen Blick. Sie hatten eine Idee.

Ein paar Tage später fuhren Anna und Elsa wieder um die Wette, als sie ein riesiges Wesen am Hafen sahen. Es war Marshmallow, der Kristoff und Sven bei einer Eislieferung half.

„Wie läuft es so?", fragte Anna.

„Super! Seht nur, wir haben viel mehr Eis vom Berg holen können als sonst!", sagte Kristoff.

Elsa lächelte. „Marshmallow scheint es auch zu gefallen."

Das Eismonster nickte und streichelte Sven und Kristoff über die Köpfe. Es war einfach froh, Freunde zu haben!

Ein Geschenk für Anna

Eine weiße Schneedecke lag über Arendelle. Diesmal hatte sie aber nicht Königin Elsa gezaubert, sondern einfach der Winter.

Am Abend sollte ein Ball im Schloss stattfinden, denn endlich standen die Tore des Königreichs wieder offen. Elsa konnte ihre Magie kontrollieren und sie und Anna waren wieder vereint.

Die Schwestern hatten das Fest seit Tagen vorbereitet. Alle Räume waren geschmückt und Elsas Eiszauber glitzerte überall im Schloss. Aber ein paar Kleinigkeiten gab es noch zu tun.

Während Elsa den Ballsaal verschönerte, holte Anna einen Teller Gebäck aus der Küche.

„Der Tisch mit den Nachspeisen ist fertig", sagte sie und stellte den Teller auf eine lange Tafel. „Wie findest du es, Elsa?"

Doch Elsa hörte nicht zu.

„Erde an Elsa!", rief Anna.

Da schaute Elsa ihre Schwester an und lächelte. Anna hatte Arendelle – und auch Elsa – mit ihrer Liebe gerettet. Elsa wollte irgendwie zeigen, wie sehr auch sie Anna liebte. Suchend schaute sie sich um. Dann hatte sie eine Idee.

„Ähm … Ich muss gehen", sagte sie zu Anna.

Elsa lief aus der Tür – und rannte fast in Olaf.

„Hallo, Elsa", sagte der Schneemann. „Wohin gehst du?"

„In die Küche", antwortete Elsa. „Ich möchte Kekse für Anna backen. Willst du mir helfen?"

Olaf klatschte in die Hände: „Ich liebe Kekse!"

Die beiden schlossen die Küchentür hinter sich. Sie suchten gerade alle Backzutaten zusammen, als Anna anklopfte.

„Elsa, bist du da drinnen?", rief sie durch die Tür.

„Nicht reinkommen. Sonst gibt es keine Überraschung!", sagte Elsa.

Elsa und Olaf warteten, bis sie Anna weggehen hörten. Dann machten sie sich ans Werk.

„Halte dich bloß vom Ofen fern", sagte Elsa zu dem Schneemann.

Olaf winkte ab. „Wieso, was soll mir denn passieren?"

Die beiden backten Annas Lieblingskekse: Lebkuchenmänner mit extra viel Ingwer. Die Kekse wurden super und Elsa musste Olaf nur sieben Mal neu gefrieren!

Als Nächstes wollte Elsa Annas Lieblings-Erdbeerbowle zubereiten. Sie rührte gerade in der Schüssel, als Anna in die Küche kam.

„Was machst du denn hier, Anna? Ich arbeite doch an einer Überraschung für dich!", rief Elsa.

„Ich wollte nur …", setzte Anna an, aber Elsa unterbrach sie.

„Geh einfach in dein Zimmer, Anna", sagte sie. „Wir sehen uns später." Damit drehte Elsa ihrer Schwester den Rücken zu.

Anna lief weg und Elsa machte die Bowle fertig. Dann ging sie in den Ballsaal. Alles sah hübsch aus, aber es fehlte noch irgendetwas Besonderes.

Elsa dachte nach. Dann hob sie die Hände und zauberte eine glitzernde Eisskulptur von Anna.

In dem Moment betrat Kristoff den Saal. „Ich hab draußen gerade Anna getroffen", sagte er. „Sie meinte, du hättest sie fortgejagt. Sie wirkte etwas traurig."

„Oh nein! Ich wollte doch ihre Gefühle nicht verletzen!", rief Elsa. „Ich wollte nur nicht, dass sie sich die Überraschung verdirbt."

„Ich glaube, Anna möchte einfach Zeit mit ihrer großen Schwester verbringen. Sprich doch mal mit ihr", schlug Kristoff vor.

Elsa rannte los. „Danke, Kristoff, das mache ich!", rief sie zurück.

Elsa lief in den schneebedeckten Hof hinaus. „Wo bist du, Anna?", rief sie. „Komm bitte heraus. Es tut mir leid, ich wollte nur …"

Patsch! Da traf Elsa ein Schneeball mitten ins Gesicht.

„Überraschung!", rief Anna und sprang hinter einem Baum hervor.

„Was, wie?", stotterte Elsa und wischte sich den Schnee aus dem Gesicht. „Hast du gerade …?"

Anna kicherte. „Das ist ein Schneeball-Angriff", erklärte sie. „Da du nie Zeit für mich hast, erkläre ich den Krieg. Ich wusste, dass Kristoff dich herauslocken kann!"

Elsa grinste. „Hast du vergessen, wer von uns die magischen Kräfte besitzt?", fragte sie Anna. Dann formte sie einen riesigen Schneeball und warf ihn nach ihrer Schwester.

Aber Anna war vorbereitet. Sie hatte bereits einen ganzen Berg von Schneebällen gemacht!

Die Schneeballschlacht ging weiter, bis Elsa einen Waffenstillstand ausrief. Denn die Schwestern mussten sich dringend für den Ball fertig machen.

Elsa schielte verstohlen zu Anna. Dann warf sie einen letzten Schneeball nach ihr und rannte nach drinnen. „Erwischt!", rief sie über die Schulter.

Am Abend begrüßten die Schwestern ihre Gäste. Als Anna sich im Ballsaal umschaute, bemerkte sie Elsas Kekse, die Bowle und die schöne Eisskulptur.

„Hast du das alles für mich gemacht?", fragte sie.

Elsa nickte. „Ich wollte dir ein Geschenk machen."

„Das war sehr lieb von dir und es ist alles ganz wundervoll", sagte Anna. „Aber das schönste Geschenk für mich ist, wenn wir zusammen sein können."

„Für mich auch", lächelte Elsa. Und dann genossen die Schwestern Arm in Arm ihr Fest.

Ein neuer Freund

Endlich war der Frühling in Arendelle eingezogen. Olaf genoss die warme Luft draußen, als er Anna und Elsa sah.

„Hallo, ihr beiden!", rief er. „Wo geht ihr hin?"

Anna lächelte den Schneemann an. „Heute ist so ein schöner Tag, wir wollen einen Spaziergang machen. Willst du uns begleiten?"

Olaf nickte begeistert.

Die drei waren noch nicht lange unterwegs, als sie zu Oakens kleinem Krämerladen kamen. In seiner Hütte gab es außerdem eine Sauna.

„Oh, eine Sauna!", sagte Olaf. „Da würde ich gern mal reingehen."

Anna kicherte. „Ich glaube, das ist keine gute Idee. Aber kommt, wir sagen Oaken schnell Guten Tag."

Anna griff Elsa am Arm und zog sie in den Laden.

„Hallihallo!", grüßte Oaken die Schwestern. „Ich hab gerade großen Winter-Ausverkauf!"

„Hallo, Oaken", grüßte Anna zurück. „Ist etwas Besonderes dabei?"

Oaken nickte. „Diese Schneeschuhe sind sehr besonders. Und dieser Schlitten. Beides für die Hälfte des Preises!"

Anna grinste. Wie konnte sie so ein Angebot ausschlagen?

„Ich weiß ja nicht, ob das wirklich alles so besonders ist", sagte Elsa draußen zu ihrer Schwester. „Und was willst du jetzt im Frühling mit diesen Wintersachen?"

Anna zuckte mit den Schultern. „Mir fällt schon eine Verwendung dafür ein."

Olaf hatte inzwischen eine Biene entdeckt, der er nachlief.

Bald fanden sich die drei auf einer blühenden Wiese wieder.

„Oh, wie schön!", rief Anna. Sie und Elsa pflückten ein paar Blumen, um sie mit nach Hause zu nehmen.

Olaf jagte noch immer der Biene hinterher. „Hallo, kleiner Freund, wo fliegst du denn hin? Huch!"

„Olaf!", rief Anna. Der Schneemann war beinahe von einer Felsklippe gefallen!

„Nicht bewegen!", rief Elsa. Schnell zauberte sie Olaf auf sicheren Boden zurück. Aber der Schneemann beachtete sie gar nicht. Er hatte ein kleines Rentier entdeckt.

„Armes Kleines. Wie bist du da hingeraten?", fragte Anna. „Und wie bekommen wir dich wieder herauf?"

Elsa dachte kurz nach. Dann zauberte sie eine Eisrampe, die das Rentier hochklettern sollte. „Toll!", sagte Olaf bewundernd.

Das Rentier betrat vorsichtig die Rampe. Aber das Eis war so rutschig, dass es auf die Nase fiel.

„Was nun?", fragte Elsa.

„Ich hab eine Idee", sagte Anna. Sie schnappte sich den Sack mit ihren Wintersachen und rutschte die Eisbahn hinunter. „Das hat Spaß gemacht!", lachte sie, als sie schließlich neben dem Rentier landete.

Anna durchwühlte ihren Beutel. Zuerst schnallte sie die Schneeschuhe unter die Hufen des Rentiers. Dann legte sie ihm ein Seil um.

„Ich hab doch gesagt, dass mir eine Verwendung für das Zeug einfällt!", rief sie Elsa zu.

Ihre Schwester grinste. „Okay, du hattest recht. Aber was machen wir jetzt?" Anna warf Elsa das Seilende zu. „Zieh!"

Elsa und Olaf zogen mit all ihrer Kraft. Am Ende standen alle wieder sicher oben auf dem Boden.

Das Rentier freute sich so sehr, dass es Olaf einen dicken Kuss aufdrückte.

„Uuuh – danke, mein Freund", sagte Olaf. Er sah Anna und Elsa an. „Kann er mit uns nach Hause kommen?"

„Na klar!", sagte Elsa und lächelte. „Und ich weiß, wie wir am schnellsten und mit dem größten Spaß nach Hause kommen."

Elsa nahm Anna und Olaf an den Händen und zog sie
zu dem Schlitten. „Haltet euch fest!", sagte sie.

Dann zauberte sie eine lange Reihe von Schneefeldern. Mit
dem Rentier im Schlepptau sausten sie den Berg hinunter.

Bis durch die Schlosstore und in den Ballsaal schlitterte das Grüppchen.

„Juhu!", rief Anna.

„Können wir das noch mal machen?", fragte Olaf.

Elsa freute sich, dass es ihren Freunden solchen Spaß gemacht hatte. Dann schaute sie das Rentier an. Noch mehr freute sie sich aber darüber, einen neuen Freund gefunden zu haben!

Olafs Geburtstag

Anna stürmte in das Zimmer ihrer Schwester. „Elsa, weißt du, was heute für ein Tag ist?"

„Nein, welcher denn?", fragte Elsa lächelnd.

„Vor genau einem Jahr wurdet Ihr zur Königin von Arendelle gekrönt, Eure Majestät", sagte Anna und knickste.

„Stimmt", sagte Elsa. „Also ist es auch ein Jahr her, dass du mich gerettet hast."

Auf dem Weg zum Frühstück hörten die beiden ein fröhliches Summen. Als sie um die nächste Ecke bogen, sahen sie Olaf vergnügt durch die Empfangshalle hüpfen.

„Oh nein!", flüsterte Elsa. „Wenn ich vor einem Jahr Königin geworden bin, habe ich auch vor einem Jahr Olaf erschaffen."

„Du meinst, heute ist sein Geburtstag?", fragte Anna.

Die Schwestern schauten sich schuldbewusst an. Natürlich mussten sie sich für Olafs Geburtstag etwas Besonderes ausdenken! Aber was?

Anna und Elsa machten sich auf den Weg in die Stadt, um nach einer Geburtstagsüberraschung für Olaf zu suchen. Da entdeckte Anna ein bekanntes Gesicht. Zwischen einem Marktstand und einem Wagen voller bunter Sachen stand ein großer, blonder Mann.

„Hallihallo!", rief er den Schwestern zu.

„Oaken! Was für ein Glück!", freute sich Anna. „Hast du etwas für Geburtstage?"

„Aber natürlich!", antwortet Oaken. „Ich habe gerade neue Luftballons geliefert bekommen."

Ein paar Stunden später kletterten Anna und Elsa mit den Luftballons in der Hand einen kleinen Hügel hinauf. Oben wartete Olaf auf sie. Die Schwestern hatten ihn zu einem Picknick eingeladen und wollten ihn mit den Luftballons überraschen.

Als sie direkt hinter Olaf standen, riefen die beiden: „ÜBERRASCHUNG!"

„Huch!" Olaf sprang vor Schreck in die Luft. Dabei lösten sich Arme und Kopf von seinem Körper und flogen weg.

„Oh nein, Olaf!", riefen Elsa und Anna. Schnell setzten sie den Schneemann wieder zusammen.

Als er wieder komplett war, lachte Olaf. „Was für ein lustiges Spiel!", rief er. „Jetzt bin ich dran: ÜBERRASCHUNG!" Der kleine Schneemann schaute die Schwestern erwartungsvoll an.

Elsa und Anna seufzten. Sie mussten sich wohl eine neue Geburtstagsüberraschung ausdenken.

Die beiden verabschiedeten sich von Olaf und gingen zurück zu Oakens Marktstand.

„Hallihallo!", rief er. „Heute ist großer Ausverkauf. Zwei Topflappen zum Preis von einem! Gutes Angebot, was?"

„Hm, wie wäre es denn mit diesen Musikinstrumenten?", fragte Anna. Ihr war gerade eine Idee gekommen.

Kurz darauf trafen sich Elsa, Anna und Kristoff an einem von Olafs Lieblingsorten: dem Hafen. Kristoff war einer der besten Sänger von Arendelle, weshalb die Schwestern ihn um ein Geburtstagsständchen für Olaf gebeten hatten.

Als der kleine Schneemann an den Docks auftauchte, sangen alle zusammen: „Happy Birthday, Olaf!"

„Es gibt noch einen Olaf?", fragte der kleine Schneemann ganz aufgeregt. „Ich muss ihn unbedingt finden! Er darf dieses tolle Lied nicht verpassen!" Damit rannte Olaf los und ließ die Freunde ratlos zurück.

„Ich glaube, der Ehrengast hat die Party gerade verlassen", sagte Kristoff.

Anna und Elsa schauten sich erneut an. Was sollten sie jetzt bloß machen?

Die Schwestern schauten noch einmal bei Oaken vorbei.

„Wie wäre es mit diesem Werkzeug zum Schnitzen von Eisskulpturen?", schlug der Krämer vor.

„Ich glaube, das brauchen wir nicht", kicherte Anna. „Hab ich recht, Elsa?"

Doch ihre Schwester betrachtete in Gedanken versunken eine Packung oranger Kerzen. „Anna, was gehört zu jedem Geburtstag dazu?"

„Kuchen!", riefen beide gleichzeitig.

Anna und Elsa verbrachten den Rest des Tages in der Küche, um eine Geburtstagstorte für Olaf zu backen.

Der Schneemann war begeistert. „Ooooh, winzige Feuer", rief er und bestaunte die Kerzen.

Auch Sven schienen die Kerzen zu gefallen. Er kam langsam immer näher und streckte seine Nase vor.

„Ich glaube, Sven mag die winzigen Feuer auch", sagte Olaf.

„Stopp, Sven!", rief Kristoff. „Das da sind keine …"

„… KAROTTEN!"

Doch da schnappte Sven schon nach einer Kerze. Überrascht ließen Elsa und Anna die Geburtstagstorte mitsamt den brennenden Kerzen fallen.

„Oh schaut mal, winziges Feuer macht riesiges Feuer!", staunte Olaf.

Schnell fror Elsa die Flammen ein, während Anna und Kristoff Sven und Olaf auf Abstand hielten. Wieder eine missglückte Geburtstagsüberraschung …

Etwas entmutigt machten sich die Mädchen ein letztes Mal auf den Weg zu Oaken.

„Ihr zwei schon wieder!", rief er. „Zum Ladenschluss hab ich tropische Partydeko im Angebot."

Die Schwestern schauten sich an.

„Das ist perfekt!", rief Anna.

„Ja! Wir geben eine Sommerparty für Olaf!", stimmte Elsa begeistert zu.

„Alles Liebe zum Geburtstag, Olaf!", sagte Elsa am Abend.

„Heute ist mein Geburtstag?", fragte Olaf. „Deswegen war heute wohl der beste Tag aller Zeiten."

„Der beste Tag aller Zeiten?", staunte Anna.

„Natürlich!", rief Olaf. „Zuerst habt ihr mir das witzige Überraschungsspiel beim Picknick beigebracht. Dann gab es Musik am Hafen und eine Feuershow. Und jetzt auch noch diese Party!"

Die Schwestern lächelten. Auch wenn nicht alles nach Plan gelaufen war, hatte Olaf sich über jede Geburtstagsüberraschung gefreut.

Als Geschenk bekam Olaf von seinen Freunden das, was er am liebsten mochte: eine feste Umarmung. Der kleine Schneemann grinste glücklich.

„Eine Frage habe ich noch", sagte er plötzlich.

„Schieß los!", sagte Kristoff.

„Was ist ein Geburtstag?"

Babysitten bei den Trollen

Anna, Kristoff und Sven hatten heute etwas Besonderes vor: Sie wollten auf die Trollbabys aufpassen, während die Trolleltern auf eine Zauberversammlung gingen.

„Kristoff, Sven, Anna! Wir haben euch vermisst!", rief Bulda, als die Freunde eintrafen.

Bulda sah Kristoff an. „Ich weiß noch, wie du so klein warst, dass wir für dich einen Babysitter brauchten", sagte sie. „Es kommt mir vor, als sei es erst gestern gewesen. Erinnerst du dich, wie du immer nackig durch das Tal laufen wolltest?"

Anna kicherte. „Das hast du mir nie erzählt!"

„Ja, ja, genug Geschichten für heute", knurrte Kristoff.

Bulda brachte Anna und Kristoff zu den Trollbabys. „Wenn sie Hunger haben, könnt ihr sie mit Beerenbrei füttern. Vielleicht müsst ihr noch einmal ihre Windeln wechseln, aber eigentlich sollten sie bald einschlafen."

Anna winkte den erwachsenen Trollen zu. „Habt viel Spaß! Es wird schon alles …"

„… schiefgehen!", rief sie erschrocken.

Die Trollbabys waren aus ihrem Laufstall geklettert und tobten und sprangen überall herum!

„Halt!", rief Anna und lief zu zwei kleinen Trollen, die an einem Fels hochkletterten. „Das ist zu gefährlich!"

Kristoff rannte zu ein paar anderen Trollbabys, die aufeinandergeklettert waren.

„So, meine kleinen Freunde", sagte er und setzte Troll für Troll auf den Boden zurück. „Jetzt beruhigen wir uns mal langsam."

Doch die Babys wurden im Gegenteil immer wilder!

„Vielleicht haben sie Hunger", überlegte Anna. Sie holte den Beerenbrei und hielt einem Baby einen vollen Löffel hin. „Guckt mal, wie lecker!"
Aber die kleinen Trolle interessierte das Essen nicht.

„Vielleicht müssen ihre Windeln gewechselt werden", sagte Kristoff. Vorsichtig schaute er nach. „Nee, auch nicht."

„Wir bringen sie einfach ins Bett", schlug Anna vor. „Sie sind bestimmt müde."

Aber ganz im Gegenteil, sie waren hellwach!

Plötzlich hörte Anna eine fröhliche Stimme: „Hallo, ihr kleinen Trollbabys!"
Es war Olaf!

„Elsa meinte, ihr braucht vielleicht etwas Hilfe", sagte Olaf, während sich die Trollbabys auf ihn stürzten. „Oh, hallo, hahaha, das kitzelt!"

Kristoff seufzte. „Sind wir froh dich zu sehen!"

Gemeinsam fütterten sie die Trollbabys. Direkt danach roch es plötzlich ganz merkwürdig. Die Trollbabys guckten auf ihre Blätterwindeln hinab.

„Oh, oh!" Kristoff ahnte, was passiert war. „Olaf, du lenkst sie ab."

Begeistert erzählte Olaf den Trollbabys Geschichten über sein Lieblingsthema: den Sommer! Anna und Sven sammelten neue Blätter, während Kristoff die Windeln wechselte.

„Jetzt singe ich euch noch mein Knallerlied über den Sommer vor", kündigte Olaf an.

Da bemerkte Anna, dass die kleinen Trolle vor Müdigkeit schon schwankten. Einige konnten kaum noch die Augen aufhalten.

„Vielleicht singst du stattdessen lieber ein Schlaflied", schlug sie Kristoff vor.

Während Anna und Olaf die Trolle ins Bett legten, spielte Kristoff auf seiner Laute und sang ein ruhiges Lied. Sven fielen dabei auch schon die Augen zu.

Als die Trolleltern zurückkehrten, schliefen ihre Babys tief und fest.

„Gut gemacht!", flüsterte Bulda.

„Ach, das war doch ein Klacks!", sagte Anna und stieß Kristoff mit dem Ellbogen an.

„Gar kein Problem", nickte er.

Bulda lächelte. „Ihr beiden werdet eines Tages gute Eltern sein."

Die Winterspiele

Es war Winter in Arendelle, der glücklichste Winter seit Langem.

Prinzessin Anna und Kristoff saßen gemütlich am Kamin und lasen. Als sie draußen Kinder lachen hörten, legte Anna ihr Buch zur Seite und trat ans Fenster.

„Oh, wie süß! Schau doch mal!" Anna winkte Kristoff zu sich heran.

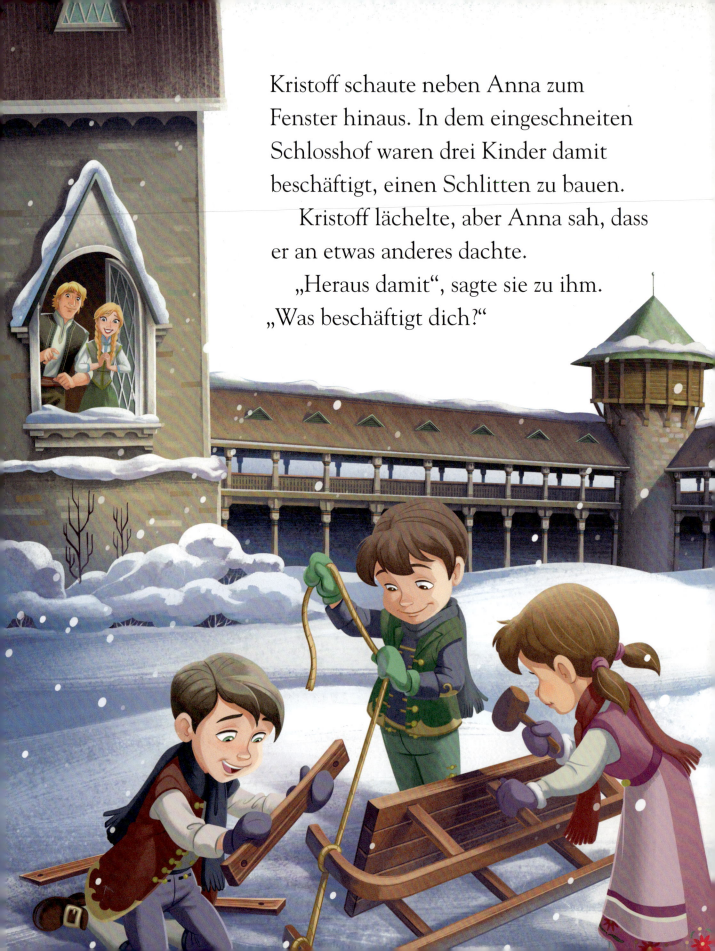

Kristoff schaute neben Anna zum Fenster hinaus. In dem eingeschneiten Schlosshof waren drei Kinder damit beschäftigt, einen Schlitten zu bauen.

Kristoff lächelte, aber Anna sah, dass er an etwas anderes dachte.

„Heraus damit", sagte sie zu ihm. „Was beschäftigt dich?"

Kristoff seufzte. „Als Kind hatte ich nicht viele Freunde", sagte er. „Ich hatte natürlich Sven und die Trolle. Aber nur Menschen dürfen an den Winterspielen teilnehmen."

„An den was?", fragte Anna.

„Jedes Jahr zur Wintersonnenwende treffen sich die Eisfarmer und ihre Familien auf einem Gletscher, um die Spiele zu feiern." Kristoff schaute zu den Kindern. „Sie bauen den Schlitten bestimmt für das große Rennen …"

Später erzählte Anna alles ihrer Schwester. „Kristoff klang so traurig darüber, dass er nie bei den Winterspielen war", sagte sie. „Deshalb dachte ich …"

„Dass wir dieses Jahr mit ihm zusammen hinfahren?", fragte Elsa. „Natürlich! Wir drei können ein Team sein!"

Anna umarmte ihre Schwester. „Ich wusste, du würdest es verstehen!", sagte sie glücklich.

Anna und Elsa packten schnell ihre Taschen für die Reise. Dann liefen sie zu Kristoff und erzählten ihm, was sie vorhatten.

„Das würdet ihr für mich tun?", fragte er. Vor Freude wurde er ganz rot.

„Na klar!", sagte Anna. „Jeder Eisfarmer sollte zu den Winterspielen fahren!"

Am Tag vor der Wintersonnenwende trafen die Freunde bei den Spielen ein. Anna staunte: Sie hatte noch nie so viele Eisfarmer an einem Ort gesehen!

„Ist das nicht die Königin von Arendelle?", fragte plötzlich jemand. Er zeigte auf Elsa. „Sie soll doch magische Kräfte haben!"

„Das ist unfair!", rief ein anderer. „Sie wird die Spiele durch ihre Zauberei gewinnen!"

„Ich schwöre bei meiner Ehre als Königin, dass ich meine Magie nicht einsetzen werde!", sagte Elsa feierlich.

„Genau, und jetzt gebt Ruhe!", sagte ein Mann hinter Anna. Er gehörte zu einer Gruppe von Eisfarmern aus Arendelle. Mit dabei waren auch die drei Kinder aus dem Schlosshof.

„Unsere Königin braucht nicht zu schummeln", sagte das kleine Mädchen.

Tatsächlich gewann Elsa den ersten Wettbewerb ganz ohne Magie. Sie hatte eine Eisskulptur von den Trollen geformt, nur mit Hammer und Meißel.

Bei dem nächsten Wettbewerb wollten Anna und Kristoff mitmachen.

„Mir ist egal, um was es geht", sagte Anna. „Wir gewinnen sowieso, außer im ..."

„Eiskunstlauf für Paare!", gab ein Mann das Thema bekannt.

Anna schluckte. Sie war eine ganz schlechte Schlittschuhläuferin.

Aber drücken wollte Anna sich auch nicht. Also gaben sie und Kristoff sich alle Mühe und flitzten über die Eisbahn.

Kristoff gelang sogar ein kleiner Sprung und Anna fiel nur neun Mal hin! Sie gewannen zwar nicht, aber es hatte Spaß gemacht. Und sie landeten am Ende sogar auf dem dritten Platz.

Später aßen Anna, Elsa und Kristoff mit den Eisfarmern zu Abend. Währenddessen sprachen sie über die Winterspiele.

„Mit Elsas erstem Platz und unserem dritten im Eislaufen haben wir sogar eine Chance, die Spiele zu gewinnen", sagte Anna.

„Ja, wir müssen nur morgen im großen Schlittenrennen siegen", meinte Kristoff.

„Viel Glück!", sagte da eine Kinderstimme. Hinter Anna stand das kleine Mädchen aus Arendelle.

„Danke schön!", sagte Anna und lächelte. „Du hast doch heute die Eisskulptur von dem Schloss gemacht, oder?"

Das Mädchen wurde rot und nickte.

„Sie war wunderschön", sagte Elsa. „Und ich kenne mich ein wenig mit Eisschlössern aus."

Jetzt grinste das Mädchen von einem Ohr zum anderen. Schnell lief es zu seiner Familie zurück.

„Dir auch viel Glück!", rief Anna ihm nach.

„Was für ein liebes kleines Mädchen", sagte Elsa. „Sie erinnert mich an jemanden."

„An mich, als ich klein war?", fragte Anna.

„Ich sagte ‚lieb', nicht ‚nervig'", antwortete Elsa.

Anna gab ihrer Schwester einen Knuff und Elsa lachte.

„Natürlich meinte ich dich", gab Elsa zu.

„Wollen wir noch mehr heiße Schokolade trinken?", fragte Kristoff.

„Ja, unbedingt!", riefen die Schwestern gleichzeitig.

Am nächsten Morgen quetschten Anna, Elsa und Kristoff sich in ihren Schlitten. Es war der letzte Wettkampf.

„Auf geeeht's!", schrie Anna.

Die drei sausten mit den anderen Schlitten die Piste hinunter.

Anna blinzelte im Fahrtwind, als ihr Schlitten immer schneller wurde. Bald hatten sie alle anderen hinter sich gelassen.

„Wir gewinnen!", rief Anna.

Die Freunde waren fast am Ziel, als sie doch noch ein Schlitten überholte. Er fuhr so schnell, dass sie nicht erkennen konnten, wer darin saß.

Der Schlitten raste über die Ziellinie und hielt. Es waren die Kinder aus Arendelle!

„Wir haben gewonnen!", jubelten die drei. Sie hüpften und lachten und fielen sich in die Arme.

Die Kinder freuten sich so sehr, dass Anna nicht enttäuscht sein konnte. Aber sie hoffte, Kristoff war nicht zu traurig.

„Es tut mir leid, dass wir nicht Erste geworden sind", sagte Elsa später zu Kristoff. Sie kletterten gerade auf das Siegerpodium für den zweiten Platz.

Kristoff grinste. „Egal, ich habe endlich an den Winterspielen teilgenommen! Es ist doch toll, dass die Kinder gewonnen haben. Für Kinder ist es wichtig, Freunde zu haben, auf die man sich verlassen kann."

Anna umarmte Kristoff. „Das ist immer wichtig, nicht nur für Kinder. Und ich habe die besten Freunde von allen!"

Ferne Königreiche

Anna und Elsa wollten ein paar benachbarte Königreiche besuchen. Als sie ihr Schiff für die Reise bestiegen, kam der Kapitän auf sie zu.

„Eure Majestät, bei dieser Windstille erreichen wir das erste Ziel niemals rechtzeitig!", sagte er.

„Das schaffen wir schon!", rief Anna und ergriff das Steuerrad.

„Ich habe da eine Idee", sagte Elsa. Sie zauberte ein leichtes Schneegestöber, das Wind in die Segel blies.

Schon bald erreichten sie das Königreich Zaria.

„Herzlich willkommen, Königin Elsa und Prinzessin Anna!", rief König Stebor ihnen entgegen.

„Wir können es kaum erwarten, euch unser Königreich zu zeigen", fügte Königin Renalia lächelnd hinzu.

Zuerst lud das Königspaar die Schwestern zu einem Mittagessen mit lauter neuen Köstlichkeiten ein. Danach zeigte die Königin Anna und Elsa ihre Gärten. Nie zuvor hatten die beiden so viele schöne Blumen gesehen!

Am Abend gab es ein großes Fest zu Ehren der Schwestern.

„Wir haben so viel von deinen magischen Fähigkeiten gehört", sagte Königin Renalia zu Elsa. „Würdest du uns etwas vorzaubern?"

Aber plötzlich war Elsa ganz schüchtern. „Wollen wir nicht mit den anderen tanzen?", schlug sie vor, um abzulenken. „Das macht bestimmt Spaß."

Am nächsten Tag reisten die Schwestern weiter in das Königreich Chatho. Königin Colisa empfing Elsa und Anna vor ihrem prunkvollen Palast.

„Vielen Dank für die Einladung, Eure Majestät", sagte Elsa.

„Ich freue mich sehr, dass ihr da seid", erwiderte Königin Colisa.

Zuerst führte Königin Colisa die Schwestern durch ein Stück Regenwald. Anna und Elsa bestaunten die einzigartigen Tiere.

Besonders die pelzigen Faultiere hatten es Anna angetan. „Oh, seid ihr niedlich!", rief sie und winkte.

Anschließend gingen die drei weiter in das Museum von Chatho. Das Königreich war berühmt für seine wundervollen Kunstwerke.

Während Anna Chatos Schätze bewunderte, sprach Elsa mit der Königin. „Diese Skulpturen sind wunderschön", sagte sie.

„Ich freue mich, dass sie dir gefallen", antwortete Königin Colisa. „Würdest du eine Eisskulptur für unsere Sammlung anfertigen?"

Elsa bemerkte plötzlich einen Eisblock, der nur darauf wartete, geformt zu werden. Doch wieder traute sie sich nicht recht.

Schnell sprang Anna ein. „Eisskulpturen kann ich zufällig besonders gut!", sagte sie.

„Wieso zeigst du niemandem deine Zauberkräfte?", fragte Anna ihre Schwester später. Sie gingen gerade im Königreich Vakretta an Land.

„Ich bin einfach zu nervös", gab Elsa zu.

Anna wollte gerade antworten, als sie einen alten Bekannten entdeckte: den Herzog von Pitzbühl!

„Was machen Sie denn hier?", fragte Anna.

Die Schwestern hatten den Herzog auf ihrer Reise eigentlich nicht treffen wollen. Vakretta war ihre letzte Station und weit entfernt von Pitzbühl.

Der Herzog räusperte sich. „Ich besuche hier den Neffen der Frau des Cousins meiner Mutter. Leider. An eurer Stelle würde ich sofort wieder wegsegeln."

Die Schwestern sahen sich erstaunt an.

„Vakretta erlebt den heißesten Sommer seit Jahren", erklärte der Herzog. „Aber das ist euch ja wahrscheinlich egal."

Als die Schwestern dem Herzog in die Stadt folgten, sahen sie überall erschöpfte Menschen, die unter der Hitze litten.

Plötzlich war Elsa gar nicht mehr schüchtern. „Ich muss diesen Leuten helfen", sagte sie und zauberte ein paar Schneewolken herbei. Sofort kühlte die Luft sich ab und es ging allen besser.

„Es funktioniert!", rief der Herzog erstaunt.

Elsa zauberte jetzt Krüge und Becher aus Eis. „Holen Sie uns doch mal etwas Limonade", sagte sie zu ihm.

Bald war ganz Vakretta ein glitzerndes Winterwunderland. Alle Leute fuhren Schlittschuh und bauten fröhlich Schneeburgen.

„Da muss ich mich wohl bei Eurer Majestät bedanken", sagte der Herzog von Pitzbühl kleinlaut.

„Wie wäre es, wenn Sie zum Dank eine Runde mit uns schlittenfahren?", schlug Elsa vor.

Der Herzog errötete. „Nein, also wirklich, ich bin ein Herzog …"

„Schon gut, wir zeigen Ihnen, wie es geht", rief Anna. Sie und Elsa schnappten sich Holzbretter und rutschten damit einen Hügel hinunter.

Dann war es für die Schwestern an der Zeit, nach Hause zu fahren. Ihre neuen Freunde winkten ihnen zum Abschied.
„Hat dir die Reise auch so gut gefallen?", fragte Anna.
„Oh ja!", antwortete Elsa und zauberte eine eisige Windböe, die das Schiff zurück nach Arendelle blies. „Es war die beste Reise aller Zeiten … bis zum nächsten Mal zumindest!"

DIE SOMMER-PARADE

Es war ein schöner Sommertag in Arendelle. Nicht weit von der Stadt pflückten Elsa und Anna Blumen auf einer Wiese. Eine leichte Brise wehte, die Sonne schien warm und die Vögel zwitscherten.

„Oh, ich liebe den Sommer", schwärmte Anna.

Elsa lächelte. „Um diese Zeit war früher immer die Sommer-Parade. Erinnerst du dich? Als Kind habe ich die Parade angeführt …"

„Natürlich!", rief Anna begeistert. Das war eine ihrer schönsten Kindheits-Erinnerungen. „Ich habe die Sommer-Parade geliebt! Du bist auf deinem Pony vorweggeritten und sahst einfach toll aus!"

Elsa kicherte. „Ach ja, auf diesem kleinen, dicken Pony – Herr Waffel war sein Name."

„Später gab es keine Paraden mehr", sagte Anna etwas betrübt.

Elsa nickte. „Aber jetzt stehen die Schlosstore ja wieder offen. Wir sollten die Sommer-Parade wieder einführen. Gleich dieses Jahr!"

Anna klatschte in die Hände. „Jetzt wirst du noch besser aussehen, wenn du sie anführst!"

„Nein, werde ich nicht", sagte Elsa. „Denn du wirst sie anführen. Ich erkläre dich hiermit zur Sommer-Prinzessin!"

Mithilfe ihrer Freunde bereiteten die Schwestern die Parade vor: Musikkapelle, Blumen, Kleidung und vieles mehr. Es sollte alles genauso werden wie in ihrer Kindheit. Mit einer Ausnahme.

„Ich glaube, du kannst nicht mehr auf Herrn Waffel reiten", sagte Elsa. „Du bist mittlerweile größer als er. Außerdem ist er bestimmt in Rente."

„Dann müssen wir ein neues Pferd finden. Das Beste von ganz Arendelle!", sagte Anna.

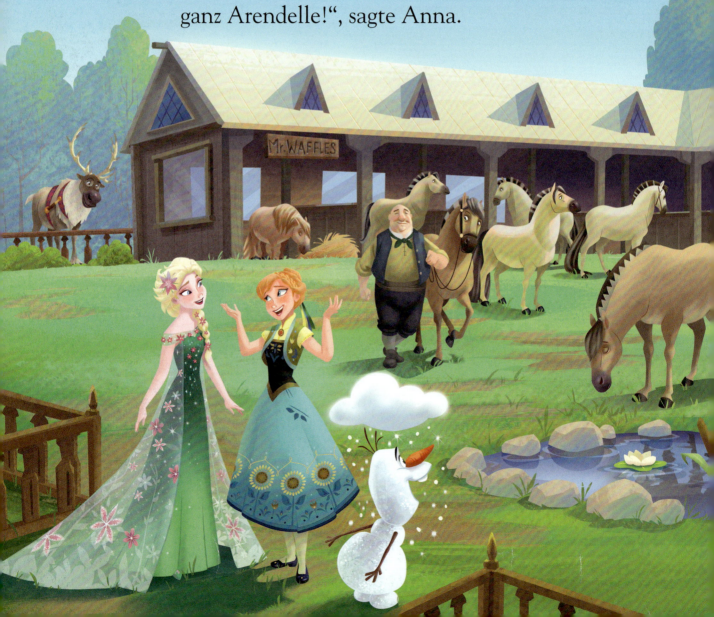

Anna ging mit Olaf in die Ställe, um nach einem Pferd zu suchen.

„Wie wäre es mit dem da?", fragte Anna den Stallmeister und zeigte auf eine elegante Stute.

„Ist die hübsch!", seufzte Olaf bewundernd.

„Das ist Lady Kristall die Vierte", sagte der Stallmeister.

Die Stute kam auf Anna zu, stolperte aber über ihre eigenen Hufe und fiel mitten in einen Teich hinein.

„Oje", sagte Anna.

„Und wie wäre es mit ihm?", fragte Olaf und zeigte auf einen großen, starken Hengst. „Das ist Friedrich der Furchtlose", erklärte der Stallmeister.

„Hallo, Friedrich", sagte Anna und machte einen Schritt auf ihn zu. Dabei wirbelte sie ein paar Blätter auf. Die Augen des Hengstes weiteten sich. Mit einem ängstlichen Wiehern drehte er sich um und galoppierte davon.

„Auf dem reitest du besser nicht", sagte Olaf.

Bei dem dritten Pferd schien alles zu stimmen – bis es versuchte Olafs Nase zu fressen.

„Hihi, das kitzelt!", rief der kleine Schneemann.

Nach einigen Stunden wusste Anna nicht mehr weiter. Sie hatten jedes Pferd angeguckt, aber das richtige war nicht dabei gewesen.

„Vielleicht sollten wir die Parade einfach absagen", sagte sie mutlos.

„Die Parade absagen?" Kristoff lehnte am Zaun. „Warum wollt ihr das tun?", fragte er.

„Weil ich kein Pferd finden kann", seufzte Anna.

„Hm, also ich wüsste da genau das richtige Tier für dich."

„Wirklich? Wie heißt das Pferd?", fragte Olaf.

„Na ja, es ist eigentlich gar kein Pferd", grinste Kristoff.

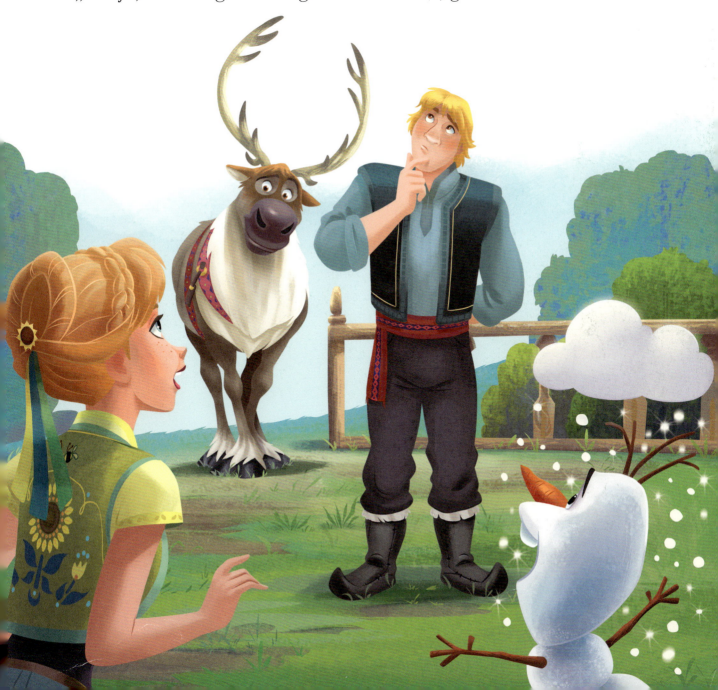

„Ich dachte an Sven", erklärte er und legte dem Rentier die Arme um den Hals. „Würde es dir gefallen, die Parade anzuführen?", fragte er seinen Freund. „Und ob!", ahmte Kristoff Svens Stimme nach. Das Rentier sah tatsächlich sehr erfreut aus.

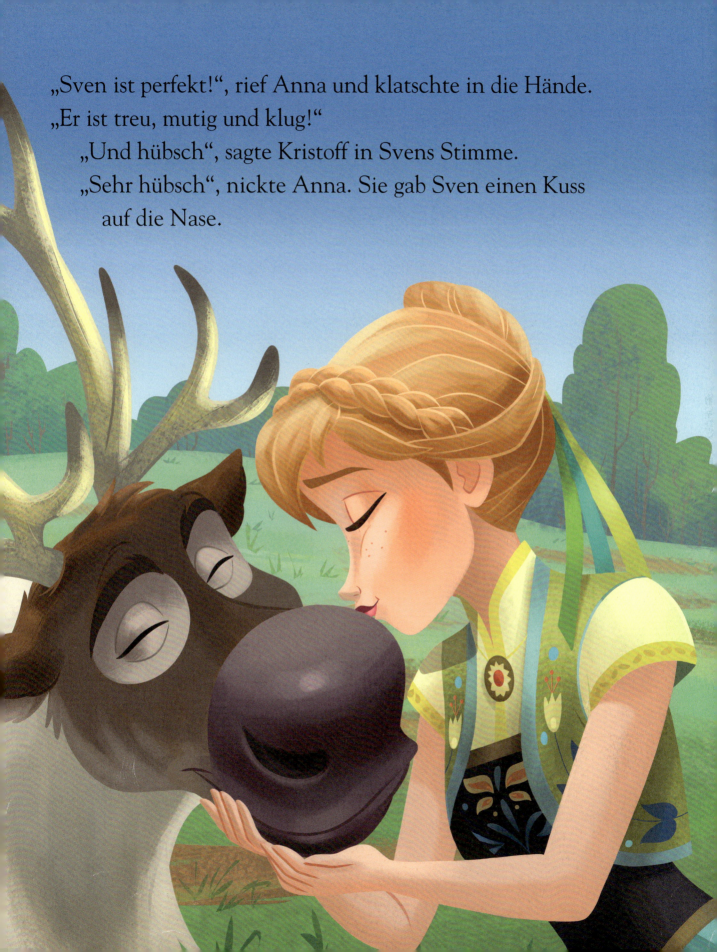

„Sven ist perfekt!", rief Anna und klatschte in die Hände. „Er ist treu, mutig und klug!"

„Und hübsch", sagte Kristoff in Svens Stimme.

„Sehr hübsch", nickte Anna. Sie gab Sven einen Kuss auf die Nase.

Anna brachte Sven zum Stallmeister. „Er wird mit mir die Parade anführen. Könnt ihr ihn dafür extra schick machen?", fragte sie.

„Es ist uns eine Ehre. Würde der Herr mir bitte folgen?", sagte der Stallmeister zu Sven.

Dann machten er und seine Leute sich an die Arbeit. Sie polierten Svens Hufe und sein Geweih. Und sie bürsteten stundenlang sein Fell.

Als Sven aus dem Stall kam, machten die Freunde große Augen.

„Oh, siehst du sventastisch aus!", rief Anna. Sie stieß Elsa an. „Guter Witz, was? Sventastisch!"

Elsa kicherte. „Du siehst wirklich großartig aus, Sven!", sagte sie. „Aber ich glaube, etwas fehlt noch." Sie hängte Sven einen riesengroßen Blumenkranz um den Hals. „Perfekt! Auf zur Sommer-Parade!"

Anna prüfte ihre Liste. „Musik, Blumen, Sven … Ich glaube, wir haben alles", sagte sie.

Olaf hüpfte auf und ab vor Aufregung. „Worauf warten wir noch?", rief er.

Die Sommer-Parade ging los. Die Vögel sangen, der Spielmannszug musizierte und die Leute von Arendelle jubelten begeistert. Anna war so glücklich, dass sie gar nicht aufhören konnte zu lächeln. Alles war perfekt.

Später feierten Anna und Elsa noch ein wenig zusammen.

„Das haben wir gut gemacht", sagte Elsa. „Die Parade war genau so wie in unserer Kindheit."

Anna grinste ihrer Schwester zu. „Nein, sie war sogar noch besser!"

Olafs perfekter Sommertag

In Arendelle war der Sommer ausgebrochen. Nach dem kalten Winter genossen die Menschen nun die langen, sonnigen Tage.

Heute sollte es jedoch sehr heiß werden. Die meisten Bewohner von Arendelle wollten lieber drinnen bleiben, wo es kühler war. Nur Olaf konnte es kaum erwarten, rauszukommen. Von so einem Sommertag hatte er immer geträumt.

Eilig lief Olaf in das Schlafzimmer von Prinzessin Anna. „Wach auf, Anna!", rief er. „Weißt du, was heute ist? Der perfekte Sommertag! Lass uns nach draußen gehen. Bestimmt finden wir überall Bienen und Löwenzahn!"

Anna gähnte verschlafen. Draußen würde es heute heiß und stickig sein. Aber Olaf freute sich so sehr, dass sie nicht ablehnen konnte.

Anna zog sich schnell an und dann suchten die beiden nach Elsa.

„Da bist du ja!", rief Olaf fröhlich, als sie sie schließlich fanden. „Von so einem Tag wie heute habe ich mein ganzes Schneemann-Leben lang geträumt. Können wir bitte in der Sonne spielen?"

Elsa lachte. „Das hört sich gut an", sagte sie.

Die Schwestern gingen mit Olaf in die königlichen Gärten. Dort lagen schon ein paar Kinder im Gras. Olaf rannte begeistert zu ihnen.

„Hallo, ich heiße Olaf. Wie heißt ihr? Findet ihr den Sommer auch so toll?"

Die Kinder freundeten sich schnell mit dem kleinen Schneemann an. Bald jagten sie alle zusammen Schmetterlingen hinterher und pusteten Löwenzahnsamen in die Luft.

Nach einer Weile ließ Anna sich ins Gras fallen. „Puh, ich kann keinen Schritt mehr laufen!", sagte sie.

Elsa nickte. „Lasst uns zum Hafen gehen. Vielleicht finden wir ein Boot, mit dem wir über den Fjord segeln können."

Olaf rannte gerade an ihnen vorbei. „Wir gehen segeln? Das wollte ich schon immer mal probieren!"

An den Landungsbrücken suchte Elsa ein hübsches Segelboot aus. Olaf summte glücklich vor sich hin, während sie Segel setzten. Er durfte sogar ans Steuer!

Bald legten sie an einem Strand an. Anna packte die Picknick-Sachen aus, aber Olaf konnte nicht stillsitzen.

„Der Sand unter den Füßen fühlt sich toll an, stimmt's, Anna?", rief er.

Anna steckte einen Zeh in den Sand. „Uh, ist das heiß!", schrie sie. Schnell liefen die Schwestern zum Wasser, um ihre Füße zu kühlen. Olaf spielte währenddessen Fangen mit den Wellen.

Die Freunde verbrachten den ganzen Nachmittag am Strand, wo sie in der Sonne spielten. Sie bauten Sandburgen und Sandfiguren und Olaf tanzte mit den Möwen.

Am Ende picknickten die drei noch.
„Also ehrlich, heute ist der schönste Tag meines Lebens", erklärte der kleine Schneemann.

Spät am Abend segelten sie nach Arendelle zurück. Die Sonne ging bereits unter und Olaf bewunderte die schönen Farben am Himmel und im Meer. „Ich wünschte, ich könnte die Sommersonne umarmen!", rief er.

Anna lächelte schläfrig. „Dafür würdest du allerdings eine größere Schneewolke brauchen, Olaf."

Zurück im Hafen trafen sie Kristoff und Sven. Die beiden kamen gerade mit einer Ladung Eis aus den Bergen zurück. Ihr Wagen war voll beladen.

Anna lehnte sich an die angenehm kühlen Eisblöcke. „Bin ich froh euch zu sehen!", rief sie aus.

Olaf erzählte Kristoff und Sven sofort von seinem Tag. Er seufzte glücklich. „Ich wünschte, es wäre immer Sommer!", sagte er.

Elsa lächelte schelmisch. „Ich mag den Sommer auch", sagte sie. „Aber ich glaube, morgen wird es schneien."